HISTORIETAS JUVENILES: MISTERIOS™

EL MONSTRUO DEL LAGO NESS

Una misteriosa bestia en Escocia

Jack DeMolay

Traducción al español:
José María Obregón

PowerKiDS press™ **& Editorial Buenas Letras**™

New York

Published in 2009 by The Rosen Publishing Group, Inc.
29 East 21st Street, New York, NY 10010

First Edition

Editor: Jennifer Way
Book Design: Ginny Chu
Illustrations: Q2A

Library of Congress Cataloging-in-Publication Data

Library of Congress Cataloging-in-Publication Data

DeMolay, Jack.
  [Loch Ness monster. Spanish]
  Monstruo del Lago Ness : una misteriosa bestia en Escocia / Jack DeMolay ;
  traducción al español, José María Obregón. – 1st ed.
       p. cm. – (Historietas Juveniles: Misterios)
  Includes index.
  ISBN 978-1-4358-2538-3 (library binding)
  1. Loch Ness monster–Juvenile literature. I. Title.
  QL89.2.L6D4818 2009
  001.944–dc22
                                                    2008012962

Manufactured in the United States of America

Contenido

El monstruo del lago Ness:
Una misteriosa bestia
en Escocia   4

¿Sabías que. . .?   22

Glosario   23

Índice y Sitios Web   24

EL MONSTRUO DEL LAGO NESS: UNA MISTERIOSA BESTIA EN ESCOCIA

BIENVENIDOS AL LAGO NESS, EN ESCOCIA.

LA **LEYENDA** NOS DICE QUE EN EL LAGO VIVE UNA EXTRAÑA BESTIA CONOCIDA COMO EL MONSTRUO DEL LAGO NESS.

MUCHAS PERSONAS CREEN QUE ESTE "MONSTRUO" ES PACÍFICO.

ALGUNAS PERSONAS CREEN QUE SE TRATA DE UN **ANTIGUO** REPTIL LLAMADO PLESIOSAURIO.

¡LA **EVIDENCIA ES** SORPRENDENTE!

EL MONSTRUO VIVE EN EL LAGO NESS, UN LARGO Y PROFUNDO LAGO CERCA DE LA CIUDAD DE INVERNESS, EN ESCOCIA.

INVERNESS

LAGO NESS

ÉSTE ES EL MÁS FAMOSO LAGO DE ESCOCIA.

Y ESO SE DEBE A QUE EL MONSTRUO, CONOCIDO COMO NESSIE, HA HECHO FAMOSO EL LAGO.

LAS PISTAS SOBRE LA VIDA DE NESSIE HAN EXISTIDO DURANTE MUCHOS AÑOS.

LA PRIMERA PISTA DE ESTA EXTRAÑA CRIATURA FUE **ESCULPIDA EN PIEDRA** HACE MILES DE AÑOS.

¿ES ESTO UNA PRUEBA DE QUE NESSIE REALMENTE EXISTE?

¿O ES SIMPLEMENTE UNA OBRA DE ARTE DE LOS ANTIGUOS ESCOCESES?

LA PRIMERA OCASIÓN QUE SE VIO A NESSIE FUE EN SIGLO VI.

COLUMBA, UN **MONJE** IRLANDÉS, ESCUCHÓ UN RUIDO EXTRAÑO CERCA DEL LAGO.

¿QUÉ ES ESO?

UN HOMBRE ERA ATACADO POR UN MISTERIOSO MONSTRUO.

DE ACUERDO A SU **BIOGRAFÍA**, EL MONJE NO PUDO SALVAR AL HOMBRE.

¡NO! ¡ES MUY TARDE!

VEN AQUÍ. NO TE HARÉ DAÑO.

LA LEYENDA NOS DICE QUE GRACIAS A LA BONDAD QUE COLUMBA LE DEMOSTRÓ A LA BESTIA, ÉSTA NO VOLVIÓ A ATACAR A NADIE.

EN LOS AÑOS SIGUIENTES, EL MONSTRUO APARECIÓ DE VEZ EN CUANDO FUERA DEL AGUA.

¿QUÉ ES ESO?

EN 1527, DUNCAN CAMPBELL VIO A NESSIE.

EN 1880, E. H. BRIGHT VIO UN "TERRIBLE MONSTRUO".

EN 1912, WILLIAM MACGRUDER DIJO HABER VISTO UN ANIMAL QUE PARECÍA UN "CAMELLO AMARILLO".

NADIE VOLVIÓ A ESCUCHAR ACERCA DEL MONSTRUO HASTA AGOSTO DE 1930.

TRES PESCADORES VIERON COMO LA BESTIA PASÓ POR SU LANCHA.

¿QUÉ ES ESO?

¡CUIDADO! ¡ESTÁ FRENTE A NOSOTROS!

¡ESO NO ES UN PEZ! ¡ES UN MONSTRUO!

LOS PESCADORES SABÍAN QUE SE TRATABA DE NESSIE.

LA HISTORIA DE LOS PESCADORES APARECIÓ EN TODAS PARTES. PRONTO, EL PERIÓDICO LOCAL COMENZÓ A RECIBIR REPORTES DE PERSONAS QUE DECÍAN HABER VISTO AL MONSTRUO.

HUGH GRAY DIJO HABER VISTO A NESSIE EN 1933.

¡LA BESTIA MIDE 40 PIES (12 M) DE LARGO!

EL AÑO SIGUIENTE, ROBERT KENNETH WILSON ASEGURÓ HABER VISTO AL MONSTRUO.

¡CREO QUE TENGO UNA **FOTOGRAFÍA** DEL MONSTRUO EN EL AGUA!

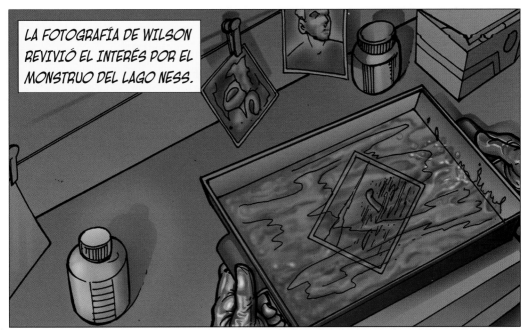

LA FOTOGRAFÍA DE WILSON REVIVIÓ EL INTERÉS POR EL MONSTRUO DEL LAGO NESS.

ESTA FOTOGRAFÍA HIZO FAMOSO A WILSON.

PERO AÑOS MÁS TARDE, MUCHAS PERSONAS ASEGURARON QUE LA FOTOGRAFÍA ERA UN ENGAÑO.

SIN EMBARGO, MUCHAS PERSONAS CONTINÚAN TRATANDO DE VER A NESSIE CON SUS PROPIOS OJOS.

MUCHAS PERSONAS HAN IDO AL LAGO NESS PARA TRATAR DE VER LA BESTIA LEGENDARIA.

¡AHÍ ESTÁ! ¿LO VES?

¡ASÍ PARECE!

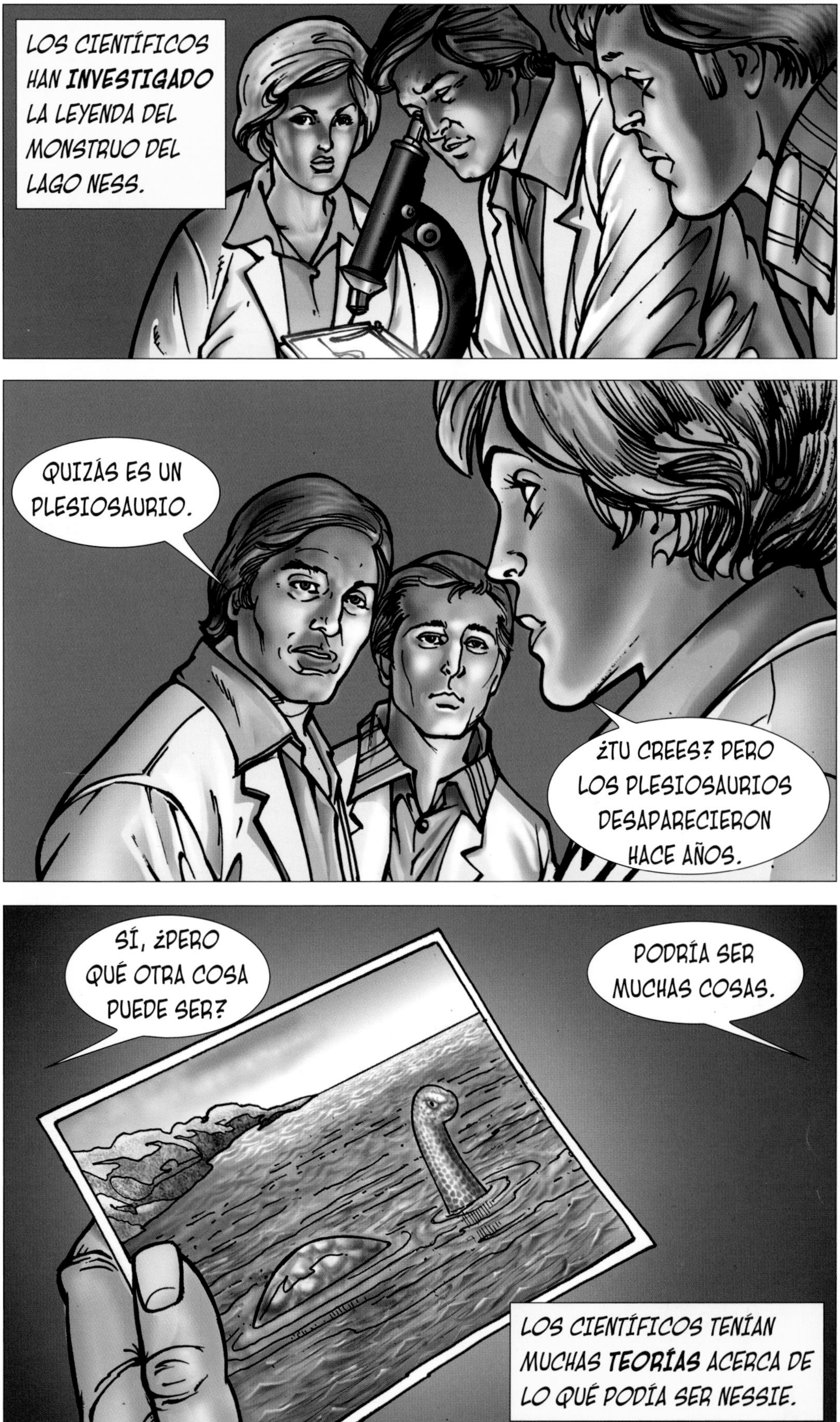
LOS CIENTÍFICOS HAN **INVESTIGADO** LA LEYENDA DEL MONSTRUO DEL LAGO NESS.
QUIZÁS ES UN PLESIOSAURIO.
¿TU CREES? PERO LOS PLESIOSAURIOS DESAPARECIERON HACE AÑOS.
SÍ, ¿PERO QUÉ OTRA COSA PUEDE SER?
PODRÍA SER MUCHAS COSAS.
LOS CIENTÍFICOS TENÍAN MUCHAS **TEORÍAS** ACERCA DE LO QUÉ PODÍA SER NESSIE.

PODRÍA SER UNA ANTIGUA CRIATURA LLAMADA ZEUGLODON.

PODRÍA SER UNA FOCA.

TAMBIÉN PODRÍA SER UNA ANGUILA GIGANTE.

INCLUSO PODRÍA SER UNA MORSA.

SE DICE QUE NESSIE PODRÍA NO SER MAS QUE UNA PLANTA FLOTANTE.

O INCLUSO UN **MOLUSCO** GIGANTE.

ALGUNAS PERSONAS CREN QUE NESSIE ES UNA NUTRIA.

OTRAS PIENSAN QUE NESSIE ERA UN AVE.

AUN CON TODAS ESTAS TEORÍAS, LOS CIENTÍFICOS NO HAN DESCUBIERTO LA VERDAD ACERCA DE NESSIE.

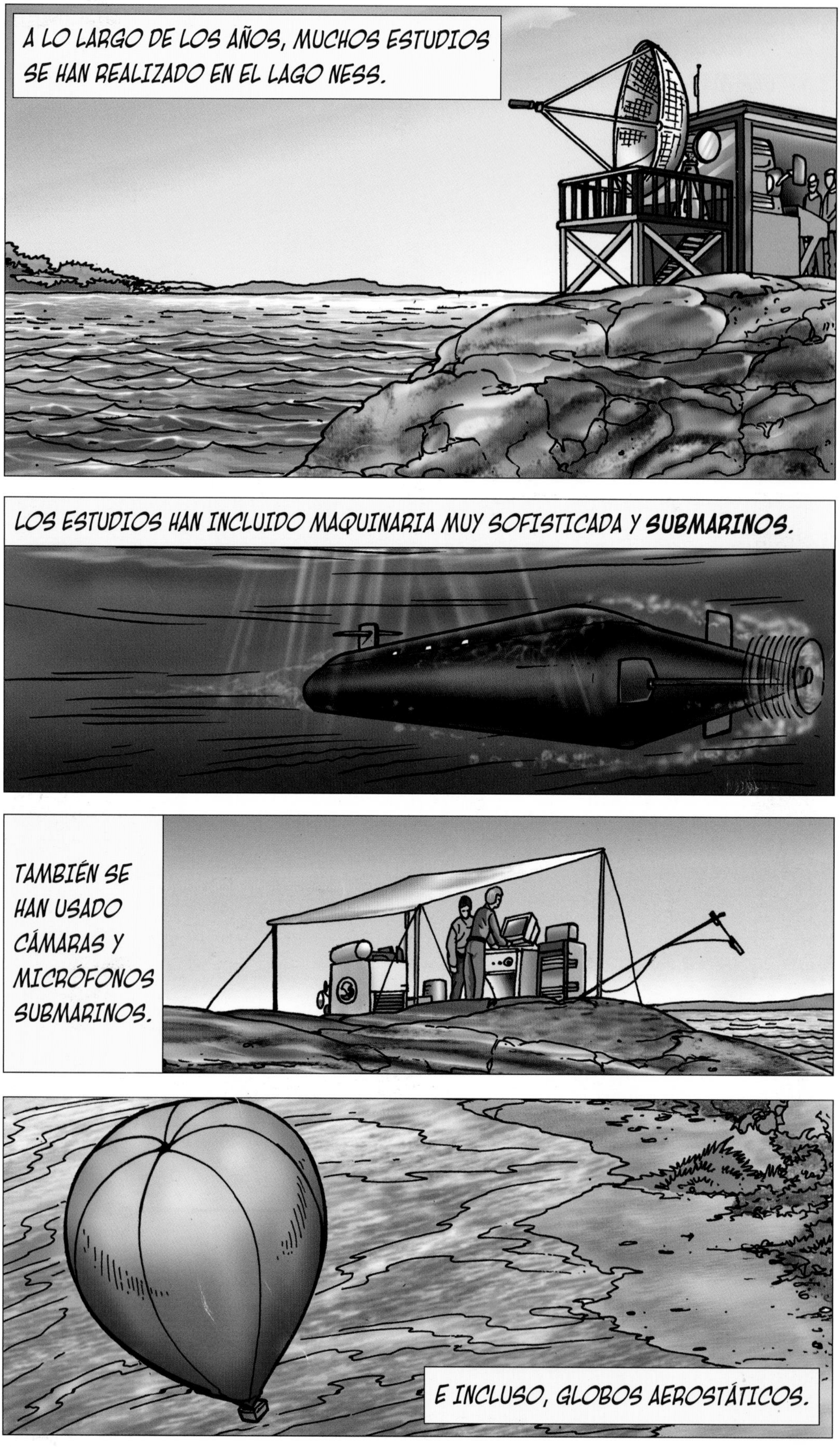
A LO LARGO DE LOS AÑOS, MUCHOS ESTUDIOS SE HAN REALIZADO EN EL LAGO NESS.
LOS ESTUDIOS HAN INCLUIDO MAQUINARIA MUY SOFISTICADA Y **SUBMARINOS**.
TAMBIÉN SE HAN USADO CÁMARAS Y MICRÓFONOS SUBMARINOS.
E INCLUSO, GLOBOS AEROSTÁTICOS.

PERO TODAS ESTAS HERRAMIENTAS NO PODÍAN BUSCAR EN LAS CUEVAS SUBTERRÁNEAS DEL LAGO.

NESSIE PUDO HABERSE ESCONDIDO EN ESTAS CUEVAS.

MUCHOS ESTUDIOS SE HAN LLEVADO A CABO.

SIN EMBARGO, NO SE HA ENCONTRADO PRUEBA DE LA EXISTENCIA DE NESSIE.

LA COMPAÑIA DE TELEVISIÓN BBC HA ASEGURADO QUE NESSIE NO EXISTE.

PARA DEMOSTRARLO, CUBRIERON EL ÁREA DEL LAGO CON MÁS DE 600 DETECTORES DE SONIDO.

NO SE ENCONTRÓ SEÑAL ALGUNA.

AUNQUE LA MAYORÍA DE LOS CIENTÍFICOS CREEN QUE LA EXISTENCIA DE NESSIE ES POCO PROBABLE, SE MANTIENEN ALERTA POR CUALQUIER SEÑAL DEL MONSTRUO.

Y HASTA QUE NO SE HALLE UNA PRUEBA, NOS SEGUIREMOS PREGUNTANDO SI ACASO EXISTE EL MONSTRUO DEL LAGO NESS.

FIN

¡Sabías que...?

- La fama de Nessie atrae a muchos visitantes al lago Ness. ¡Estos visitantes gastan cerca de 40 millones de dólares cada año en el lago!

- El lago Ness es el lago de agua dulce más grande del Reino Unido.

- Al estudio de animales legendarios se le llama criptozoología.

- Nessie es la criatura criptozoológica más famosa del mundo.

- En 1962, el Buró de Investigaciones del Lago Ness fue fundado para investigar a esta criatura.

Glosario

antiguo Muy viejo, de épocas lejanas.

biografía (la) La historia de la vida de una persona.

esculpida en piedra Cuando algo ha sido grabado en una piedra.

evidencia (la) Hechos que prueban algo.

fotografías (las) Imágenes tomadas por una cámara.

investigar Buscar los hechos de un evento.

leyenda (la) Una historia, pasada a través de los años, que no puede ser demostrada.

molusco (el) Un animal que no tiene columna vertebral y tiene un cuerpo blando y, frecuentemente, un caparazón.

monje, monja (el/la) Una persona que vive de una manera especial de acuerdo a sus creencias religiosas.

submarinos (los) Embarcaciones que navegan por debajo del agua.

teorías (las) Ideas que tratan de explicar algo.

Índice

B
Bright, E. H., 10

C
Campbell, Duncan, 10
científicos, 15, 17–18, 20
Columba, 8–9

D
detectores de sonidos, 20

E
engaño, 13
esculturas de piedra, 7
evidencia, 5

G
Gray, Hugh, 12

I
Inverness, Escocia, 6

M
MacGruder, William, 10

P
pescadores, 11–12
plesiosaurio, 5,15

S
submarinos, 18

T
teorias, 15, 17

W
Wilson, Robert Kenneth, 12–13

Sitios Web

Debido a los constantes cambios en los enlaces de Internet, Rosen Publishing Group, Inc. mantiene una lista de sitios en la red relacionados con el tema de este libro. Esta lista se actualiza regularmente y puede ser consultada en el siguiente enlace: www.powerkidslinks.com/jgm/lochness/